a skoro - школа	2
a koiri - путешествие	5
a transport - транспорт	8
a foto - город	10
a landschap - ландшафт	14
a restaurant - ресторан	17
a wenkri - супермаркет	20
a dringi - напитки	22
a nyan - еда	23
a burugron - ферма	27
a oso - дом	31
a foroisi - гостиная	33
a botrali - кухня	35
a was oso - ванная комната	38
a pikin kamra - детская комната	42
a krosi - одежда	44
a kantoro - офис	49
a ekonomia - экономика	51
den kari - профессии	53
a wrokosani - инструменты	56
den poku sani - музыкальные инструменты	57
a meti dyari - зоопарк	59
a sport - спорт	62
den aktifiteit - действия	63
a famiri - семья	67
a skin - тело	68
a ati oso - больница	72
a nowtu - неотложный случай	76
a grontapu - земля	77
oloisi - часы	79
a wiki - неделя	80
a yari - год	81
den form - формы	83
kloru - цвета	84
difrenti - противоположности	85
den nomru - цифры	88
den tongo - языки	90
suma / sang / fa - кто / что / как	91
pe - где	92

Impressum
Verlag: BABADADA GmbH, Nedderfeld 112 , 22529 Hamburg
Geschäftsführer / Verlagsleitung: Harald Hof
Druck: Books on Demand GmbH, In de Tarpen 42, 22848 Norderstedt

Imprint
Publisher: BABADADA GmbH, Nedderfeld 112 , 22529 Hamburg, Germany
Managing Director / Publishing direction: Harald Hof
Print: Books on Demand GmbH, In de Tarpen 42, 22848 Norderstedt

a skoro
школа

- a klas — классная комната
- prati — делить
- a bord — доска
- a skoro dyari — школьный двор
- a leriman — учитель
- a papira — бумага
- skrifi — писать
- a pen — ручка
- a tafra — письменный стол
- a lati — линейка
- a buku — книга
- a studenti — ученик

a skorotas
ранец

a kisi
пенал

a skriftiki
карандаш

a srapu
точилка

a sisibi
ластик

a prenki buku
альбом для рисования

a prenki
рисунок

a kwasi
кисточка

a ferfidosu
коробка красок

a sisei
ножницы

a gomma
клей

a skrifbuku
тетрадь

a skorowroko
домашняя работа

a nomru
цифра

teri
прибавлять

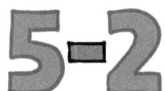
koti
вычитать

vermenigvuldig
умножать

teri
считать

a brifi
буква

a alfabet
алфавит

a wortu
слово

a skoro - школа

a wortu
текст

lesi
читать

a kreiti
мел

a yuru
урок

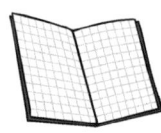
a klasbuku
классный журнал

a examen
экзамен

a skoropapira
диплом

a sem skoro krosi
школьная форма

a skoro
образование

a encyklopedie
энциклопедия

a unifersiteit
университет

a mikroskoop
микроскоп

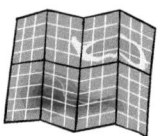
a karta
карта

a doti embre
корзина для бумаг

a skoro - школа

a koiri
путешествие

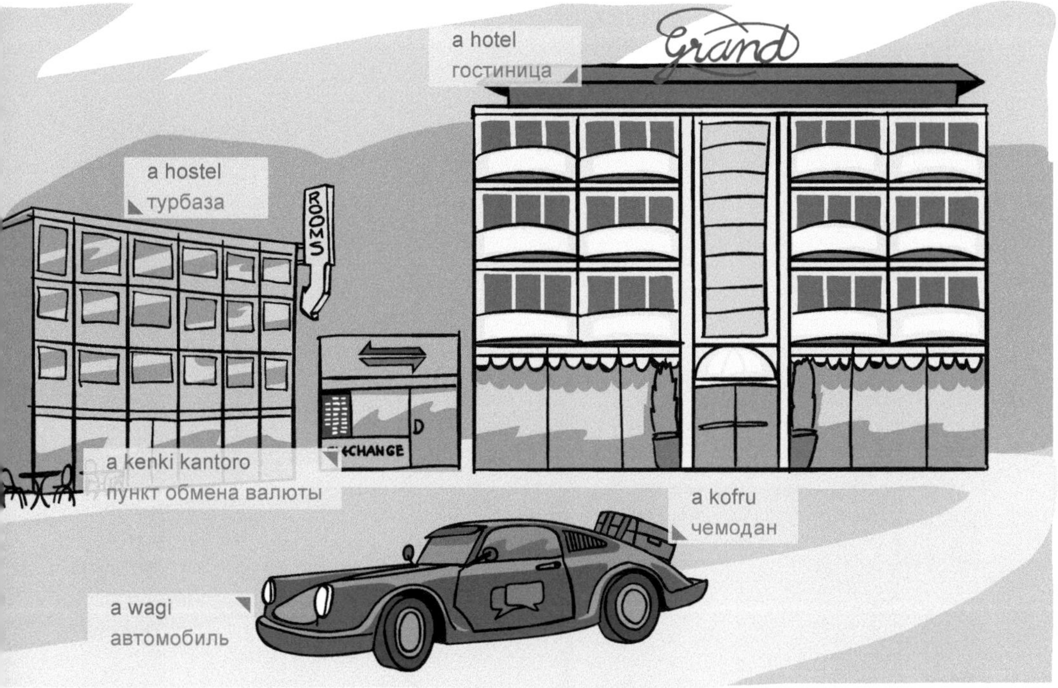

a hotel
гостиница
a hostel
турбаза
ROOMS
a kenki kantoro
пункт обмена валюты
a kofru
чемодан
a wagi
автомобиль

a tongo

язык

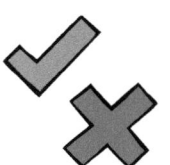

ai / no

да / нет

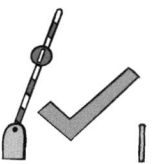

afen

хорошо

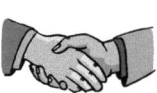

Ei!

Привет

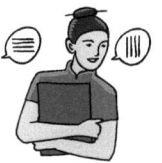

a torku

переводчик

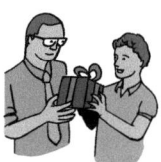

Grantangi

Спасибо

O meni...? — Сколько стоит...?

Mi ne ferstan — Я не понимаю

a problema — проблема

Kuneti! — Добрый вечер!

Morgu! — Доброе утро!

Kuneti! — Доброй ночи!

Adyosi! — До свидания

a beni — направление

a bagasi — багаж

a tas — сумка

a tas — рюкзак

a fisiti — гость

a kamra — комната

a sribi saka — спальный мешок

a tenti — палатка

a koiri - путешествие

a reiskantoro

туристическая информация

a sekanti

пляж

a kreditkarta

кредитная карточка

a mamanten nyanyan

завтрак

nyanyan

обед

a nyanyan

ужин

a karta

билет

a lift

лифт

a stampu

почтовая марка

a lanki

граница

a douane

таможня

a ambassade

посольство

a fisa

виза

a pasportu

паспорт

a koiri - путешествие

a transport
транспорт

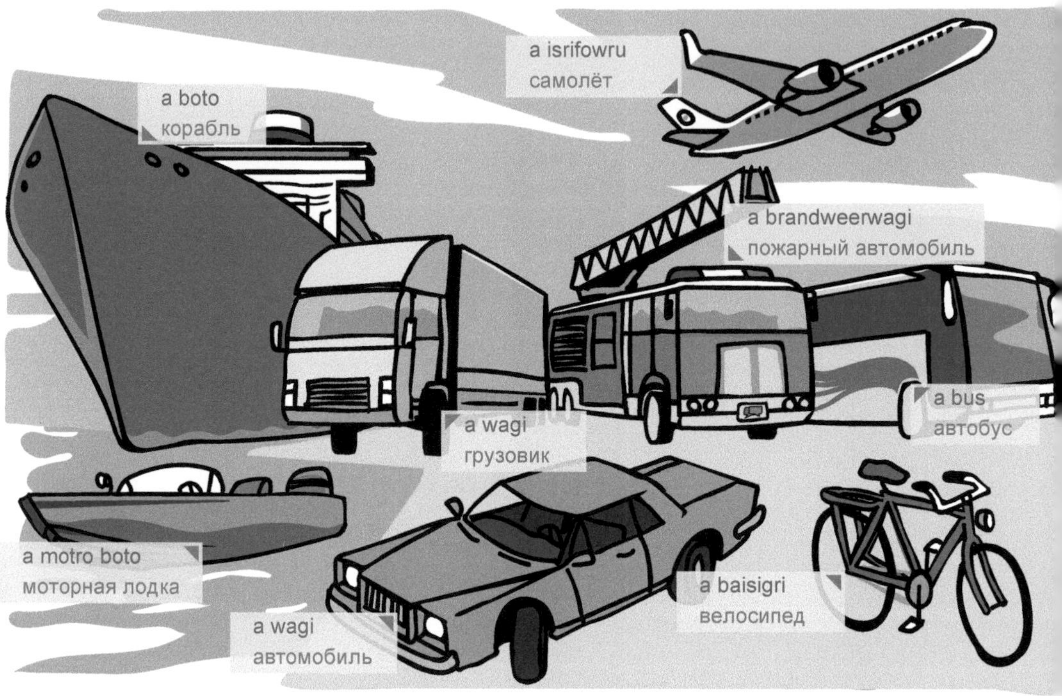

a isrifowru — самолёт
a boto — корабль
a brandweerwagi — пожарный автомобиль
a bus — автобус
a wagi — грузовик
a motro boto — моторная лодка
a baisigri — велосипед
a wagi — автомобиль

a pondo

паром

a boto

лодка

a motro

мотоцикл

a skowtu wagi

полицейский автомобиль

a streilon wagi

гоночный автомобиль

a yuru wagi

арендованный автомобиль

a transport - транспорт

a wagi prati
совместное пользование автомобилями

a takelwagi
буксировочный автомобиль

a doti wagi
мусоровоз

a motro
двигатель

a oli
топливо

a oli pompu
заправка

a ferkeermarki
дорожный знак

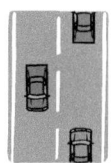

a ferkeer
движение

a reylo
пробка

a parkeerpresi
автостоянка

a lokopresi
вокзал

den rail
рельсы

a loko
поезд

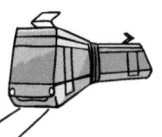

a loko
трамвай

a wagi
вагон

a transport - транспорт

a helikopter
вертолёт

a opolangi
аэропорт

a fortresi
вышка

a pasasir
пассажир

a kontainer
контейнер

a doso
коробка

a wagi
тележка

a baskita
корзина

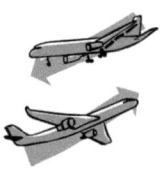
opo go / saka
взлетать / приземляться

a foto
город

a dorpu
деревня

a fotosei
центр города

a oso
дом

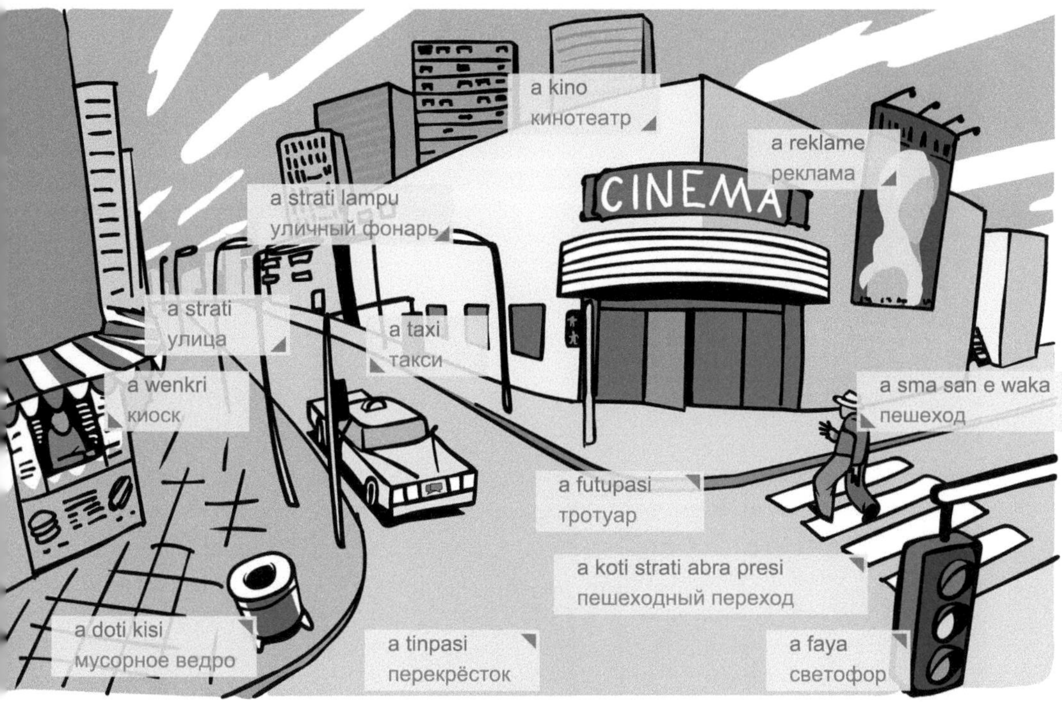

- a kino — кинотеатр
- a reklame — реклама
- a strati lampu — уличный фонарь
- a strati — улица
- a taxi — такси
- a wenkri — киоск
- a sma san e waka — пешеход
- a futupasi — тротуар
- a koti strati abra presi — пешеходный переход
- a doti kisi — мусорное ведро
- a tinpasi — перекрёсток
- a faya — светофор

a kampu
хижина

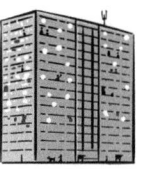

a oso
квартира

a lokopresi
вокзал

a foto oso
ратуша

a museum
музей

a skoro
школа

a foto - город

a unifersiteit университет	a bangi банк	a ati oso больница

a hotel гостиница	a apteiki аптека	a kantoro офис

a buku winkri книжный магазин	a wenkri магазин	a bromki winkri цветочный магазин

a wenkri супермаркет	a wowoyo рынок	a wowoyo универмаг

a fisi seri man торговец рыбой	a bigi wenkri торговый центр	a lanpresi порт

a park
парк

a bangi
скамейка

a broki
мост

a trapu
лестница

a fatyawagi
метро

a ondrogron-strati
тоннель

a bushalte
автобусная остановка

a bar
бар

a restaurant
ресторан

a brifibus
почтовый ящик

a strati nen marki
табличка с названием улицы

a parkeer marki
паркометр

a meti dyari
зоопарк

a swen presi
бассейн

a gado-oso
мечеть

a foto - город

a burugron
ферма

a doti sani
загрязнение окружающей среды

a berpe
кладбище

a kerki
церковь

a prei presi
детская площадка

a gado-oso
храм

a landschap
ландшафт

- a wiwiri — лист
- a pasi marki — дорожный указатель
- a pasi — дорога
- a wei — луг
- a ston — камень
- a bon — дерево
- a koiri sma — путешественник
- a libi — река
- a grasi — трава
- a bromki — цветок

a lagi presi

долина

a lebriki

гора

a fisi-olo

озеро

a busi

лес

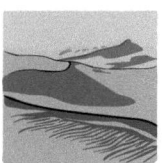

a dreisabana

пустыня

a bergi

вулкан

a ridder-oso

замок

a alenbo

радуга

a todoprasoro

гриб

a palmbon

пальма

a maskita

комар

a freifrei

муха

a mira

муравей

a waswasi

пчела

a anansi

паук

a landschap - ландшафт

a asege

жук

a todo

лягушка

a bonboni

белка

a agidya

еж

a kon koni

заяц

a owru kuku

сова

a fowru

птица

a gansi

лебедь

a werder agu

кабан

a dia

олень

a dia

лось

a dan

плотина

a winti miri

ветряной генератор

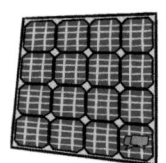

a son planga

солнечная батарея

a weer

климат

a landschap - ландшафт

a restaurant
ресторан

- a diniman — официант
- a nyankarta — меню
- a sturu — стул
- a supu — суп
- a pissa — пицца
- nefi nanga forku — столовые приборы
- tafra duku — скатерть

a fesi nyanyan

закуска

a moro prenspari sortu nyan

главное блюдо

a switi sani

десерт

a dringi

напитки

a nyan

еда

a batra

бутылка

a restaurant - ресторан

a fastfood

фастфуд

strati nyanyan

уличная еда

a tépatu

чайник

sukru patu

сахарница

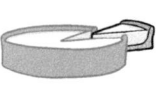

a krab'patu

порция

a espressomasyin

кофеварка

a pikin sturu

детский стульчик

a borgu

счет

a brakri

поднос

a nefi

нож

a forku

вилка

a spun

ложка

a téspun

чайная ложка

a servet

салфетка

a grasi

стакан

a restaurant - ресторан

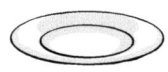

a preti
тарелка

a supu preti
суповая тарелка

a skotriki
блюдце

a sowsu
соус

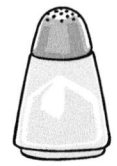

a sowtupatu
солонка

a pepre miri
мельница для перца

a asin
уксус

a oli
масло

den specerij
специи

a ketchup
кетчуп

a mosterd
горчица

a mayonaise
майонез

a restaurant - ресторан

a wenkri
супермаркет

a pristerie — специальное предложение

a bayman — покупатель

den merki sani — молочные продукты

a froktu — фрукты

a wenkri wagi — тележка для покупок

a srakti-oso

мясной магазин

a bakri-oso

пекарня

wegi

взвешивать

a gruntu

овощи

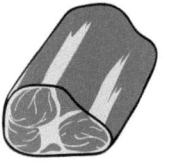

a meti

мясо

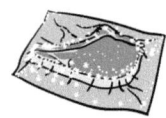

den ijskasi sani

быстрозамороженные продукты

a wenkri - супермаркет

a kowru meti
....
нарезка

a blik nyan
....
консервы

a wasi sani
....
стиральный порошок

a switi sani
....
сладости

den oso sani
....
предмет домашнего обихода

a sani fu krin
....
моющее средство

a seri sma
....
продавщица

a kas
....
касса

a kasman
....
кассир

a bai marki
....
список покупок

den opo yuru
....
время работы

a portmoni
....
бумажник

a kreditkarta
....
кредитная карточка

a tas
....
сумка

a plastik saka
....
полиэтиленовый пакет

a wenkri - супермаркет

a dringi
напитки

a watra
вода

a sap
сок

a merki
молоко

a kola
кока-кола

a win
вино

a biri
пиво

a sopi
алкоголь

a skrati
какао

a té
чай

a kofi
кофе

a espresso
эспрессо

a kappuccino
капучино

a nyan
еда

a bakba

банан

a apra

яблоко

a apresina

апельсин

a watramun

арбуз

a sitrun

лимон

a rutu

морковь

a konofroku

чеснок

a bambu

бамбук

a aiun

лук

den todoprasoro

гриб

den noto

орехи

a pasta

лапша

a spaghetti	a alesi	a salade
спагетти	рис	салат

a patata	den baka patata	a pissa
картофель фри	жареный картофель	пицца

a burger	a brede	a schnitsel
гамбургер	сэндвич	шницель
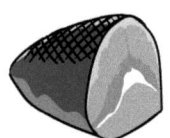		
a ameti	a salami	a worst
ветчина	салями	колбаса

a kafowru	a bakadina	a fisi
курица	жаркое	рыба

a nyan - еда

a hafermout

овсяные хлопья

a muesli

мюсли

den karuflakes

кукурузные хлопья

a blon

мука

a croissant

круассан

den brede

булочка

a brede

хлеб

a baka brede

тост

a buskutu

печенье

a botro

масло

a kwark

творог

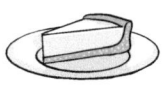

a kuku

пирог

a eksi

яйцо

a baka eksi

яичница

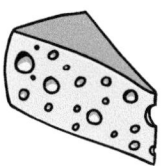

a kasi

сыр

a nyan - еда

a ice-cream
мороженое

a sukru
сахар

a oni
мёд

a jam
мармелад

a sukruskrati pasta
крем с нугой

a kerrie
карри

a burugron
ферма

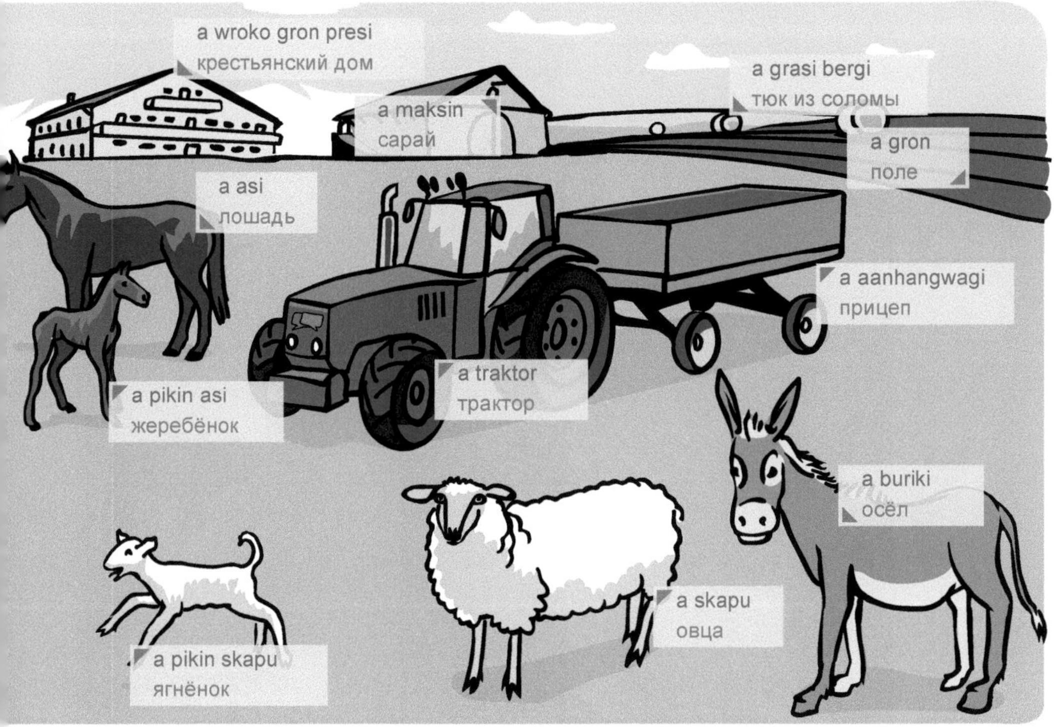

a wroko gron presi
крестьянский дом

a maksin
сарай

a grasi bergi
тюк из соломы

a gron
поле

a asi
лошадь

a aanhangwagi
прицеп

a pikin asi
жеребёнок

a traktor
трактор

a buriki
осёл

a skapu
овца

a pikin skapu
ягнёнок

a krabita

коза

a kaw

корова

a pikin kaw

телёнок

a agu

свинья

a pikin agu

поросёнок

a burkaw

бык

a gansi
гусь

a doksi
утка

a pikin fowru
цыплёнок

a fowru
курица

a kakafowru
петух

a alata
крыса

a puspusi
кошка

a moismoisi
мышь

a burkaw
вол

a dagu
собака

a dagu pen
конура

a tuinslang
садовый шланг

a watra kan
лейка

a nefi
коса

a pluga
плуг

a burugron - ферма

a babun-nefi

серп

a tyapu

мотыга

a forku

навозные вилы

a beyri

топор

a kroiwagi

тачка

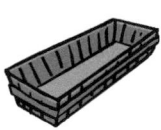

a baki

корыто

a merki kan

бидон для молока

a saka

мешок

a skotu

забор

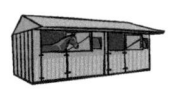

a pen

хлев

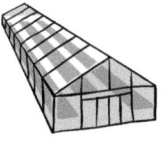

a grun kasi

теплица

a gron

почва

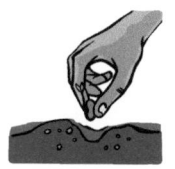

a siri

посев

a doti

удобрение

a maaidorser

комбайн

a burugron - ферма

koti
собирать урожай

a nyanyan
урожай

a yami
ямс

a aleisi
пшеница

a soja
соя

a patata
картофель

a karu
кукуруза

a koro siri
рапс

a froktu bon
фруктовое дерево

a kasaba
маниок

den siri
злаки

a oso
дом

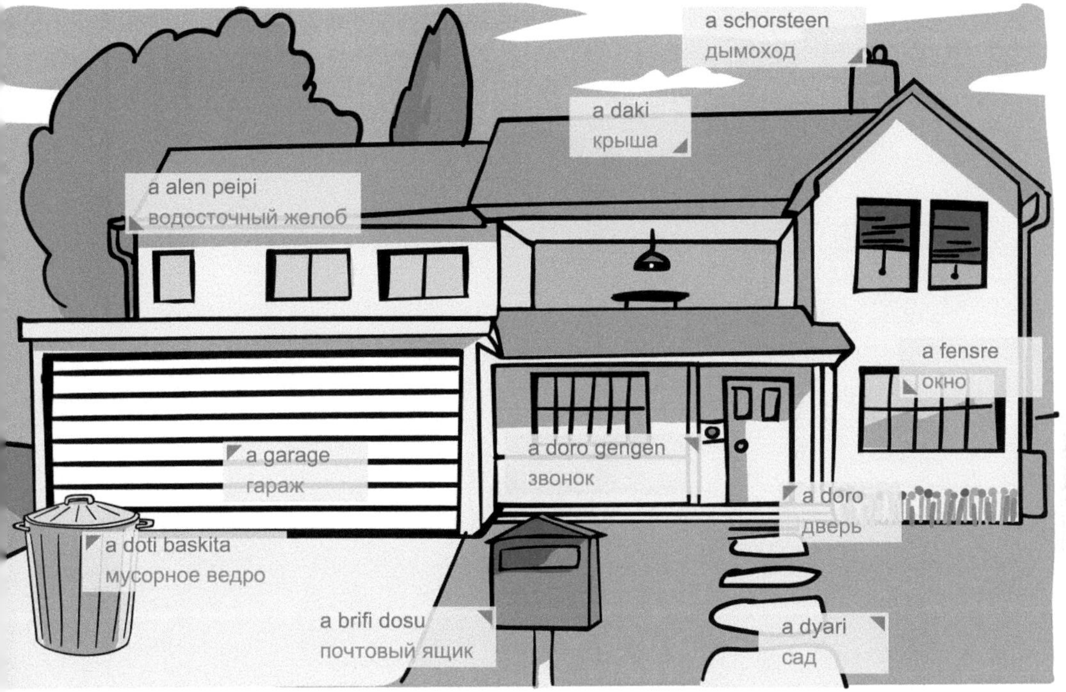

a schorsteen — дымоход
a daki — крыша
a alen peipi — водосточный желоб
a fensre — окно
a garage — гараж
a doro gengen — звонок
a doro — дверь
a doti baskita — мусорное ведро
a brifi dosu — почтовый ящик
a dyari — сад

a foroisi

гостиная

a was oso

ванная комната

a botrali

кухня

a sribikamra

спальня

a pikin kamra

детская комната

a nyanyan kamra

столовая

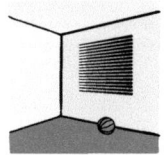

a gron

пол

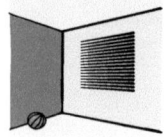

a skotu

стена

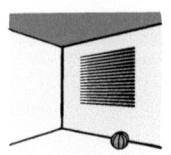

a plafon

потолок

a kedre

подвал

a sauna

сауна

a barkon

балкон

a terras

терраса

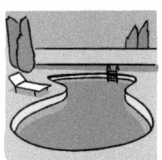

a swen presi

бассейн

a waimasyin

газонокосилка

a sribikrosi

пододеяльник

a sribikrosi

покрывало

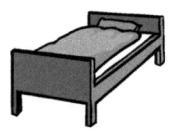

a bedi

кровать

a sisibi

метла

a embre

ведро

a san fu leti faya

выключатель

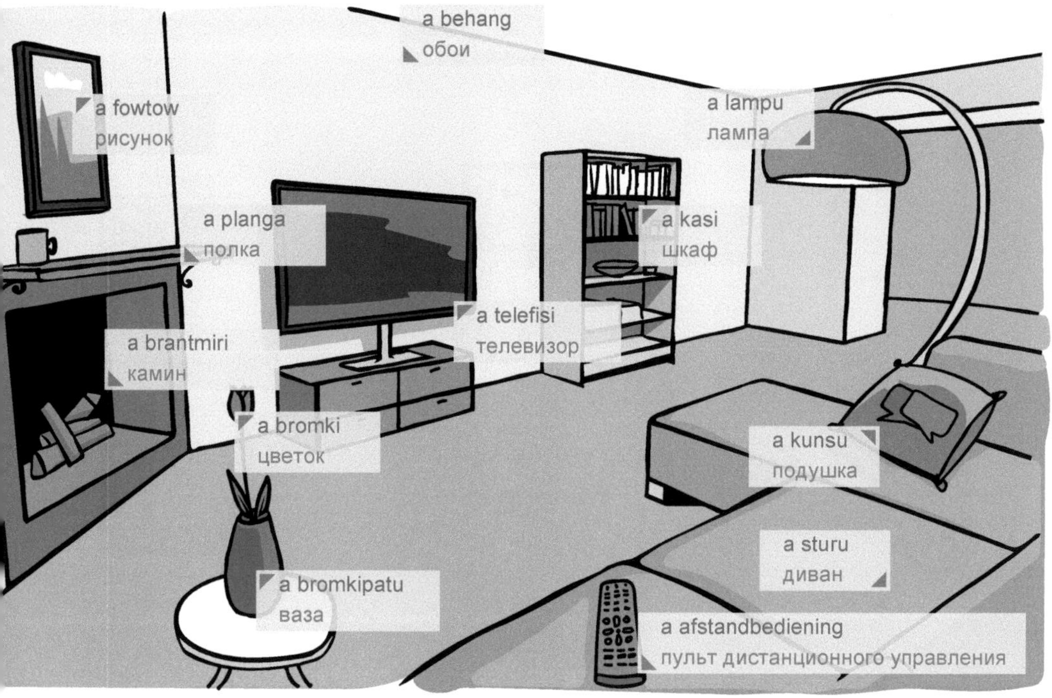

a foroisi
гостиная

a fowtow — рисунок
a behang — обои
a lampu — лампа
a planga — полка
a kasi — шкаф
a brantmiri — камин
a telefisi — телевизор
a kunsu — подушка
a bromki — цветок
a sturu — диван
a bromkipatu — ваза
a afstandbediening — пульт дистанционного управления

a matamata
ковёр

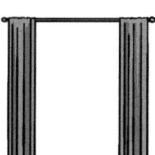

a garden
штора

a tafra
стол

a sturu
стул

a boboisturu
кресло-качалка

a sturu
кресло

a foroisi - гостиная

a buku
книга

a tapun
покрывало

a pranpran
украшение

a udu
дрова

a kino
фильм

a stereo-installatie
стереосистема

a sroto
ключ

a koranti
газета

a skedrei
картина

a poster
плакат

a konkrudosu
радио

a skrifi buku
блокнот

a stofsuiger
пылесос

a kaktus
кактус

a kandra
свеча

a foroisi - гостиная

a botrali
кухня

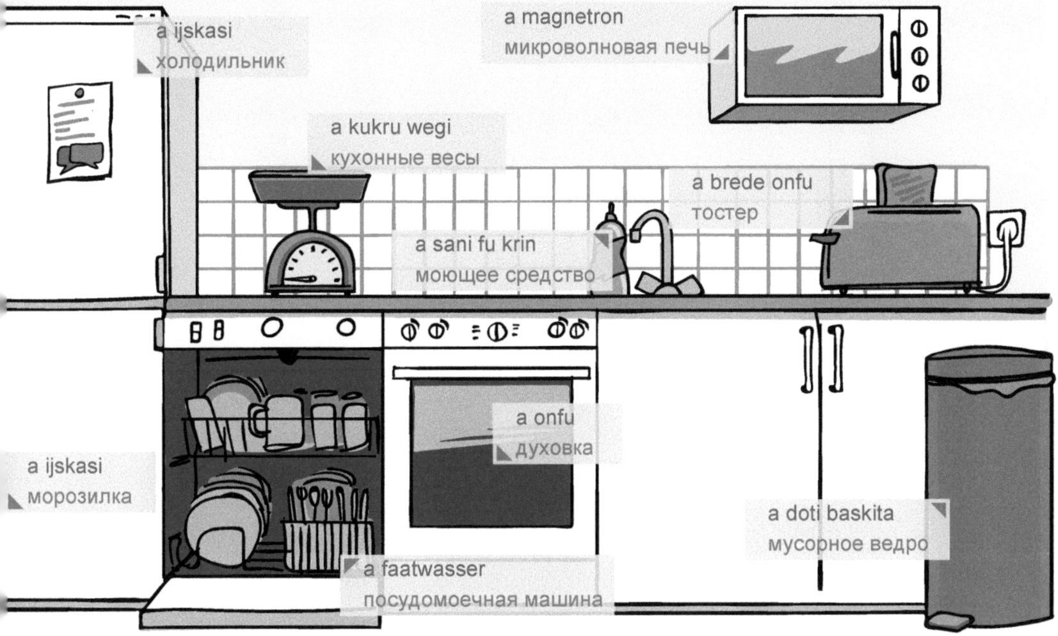

- a ijskasi — холодильник
- a magnetron — микроволновая печь
- a kukru wegi — кухонные весы
- a brede onfu — тостер
- a sani fu krin — моющее средство
- a ijskasi — морозилка
- a onfu — духовка
- a doti baskita — мусорное ведро
- a faatwasser — посудомоечная машина

a onfu

плита

a patu

кастрюля

a isri patu

чугунный котелок

a wok / kadai

вок / кадай

a pan

сковорода

a ketre

чайник

a dampupatu
пароварка

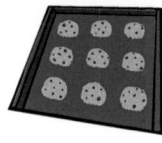
a baka preti
противень

den tafra-sani
посуда

a kan
кружка

a koba
миска

den nyantiki
палочки для еды

a supu spun
половник

a spatel
лопатка

a klutser
сбивалка

a fergiet
сито

a dorodoro
сито

a gritigriti
тёрка

a mortier
ступка

a barbakoto
гриль

a faya presi
костёр

a botrali - кухня

a koti planga

доска

a blon lolo

скалка

a korkutreki

штопор

a tromu

жестяная банка

a knefi fu opo blik

консервный нож

a patu duku

прихватка

a wasibaki

раковина

a bosro

щетка

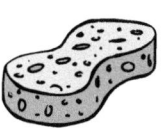

a sponsu

губка

a blender

миксер

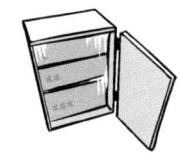

a ijskasi

морозильная камера

a beibi batra

бутылочка для кормления

a kran

кран

a botrali - кухня

a was oso
ванная комната

- a faya — отопление
- a douche — душ
- a wasduku — полотенце
- a douche garden — душевая занавеска
- a bubbel wasi — пенистая ванна
- a badkuip — ванна
- a grasi — стакан
- a wasmasyin — стиральная машина
- a kran — кран
- den tegel — плитка
- a pisi patu — горшок
- a wasibaki — раковина

a kumakoisi

туалет

a kumakoisi

напольный унитаз

a bidet

биде

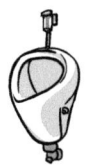

a pisi presi

писсуар

a kumakoisi papira

туалетная бумага

a kumakoisi bosro

ершик

a tifi bosro
зубная щетка

a tandpasta
зубная паста

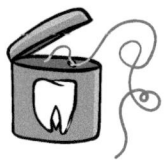
a floss
зубная нить

wasi
мыть

a douche
ручной душ

a kumakoisi douche
интимный душ

a was koba
таз

a baka bosro
щетка для спины

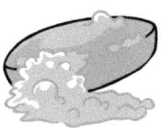
a sopo
мыло

a douchegel
гель для душа

a sopo
шампунь

a was krosi
мочалка

a afvoer
сток

a krème
крем

a okselstik
дезодорант

a was oso - ванная комната

a spikri

зеркало

a moimoi fu fesi spikri

ручное зеркало

a sebinefi

бритва

a sebiskuma

пена для бритья

a aftershave

лосьон после бритья

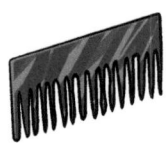

a kankan

расческа

a bosro

щетка

a wiri drei masyin

фен

a wirispray

лак для волос

a moimoi fu fesi

косметика

a lippenstift

губная помада

a nangra ferfi

лак для ногтей

den katun

вата

a nangra sey

маникюрные ножницы

a switi smeri

духи

a tas gi krin sani

косметичка

a kroku

табуретка

a wegi

весы

a was dyaki

халат

den handschoen fu krin

резиновые перчатки

a tampon

тампон

a munduku

игиеническая прокладка

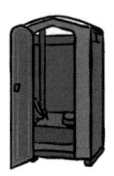

a kumakoisi

биотуалет

a was oso - ванная комната

a pikin kamra
детская комната

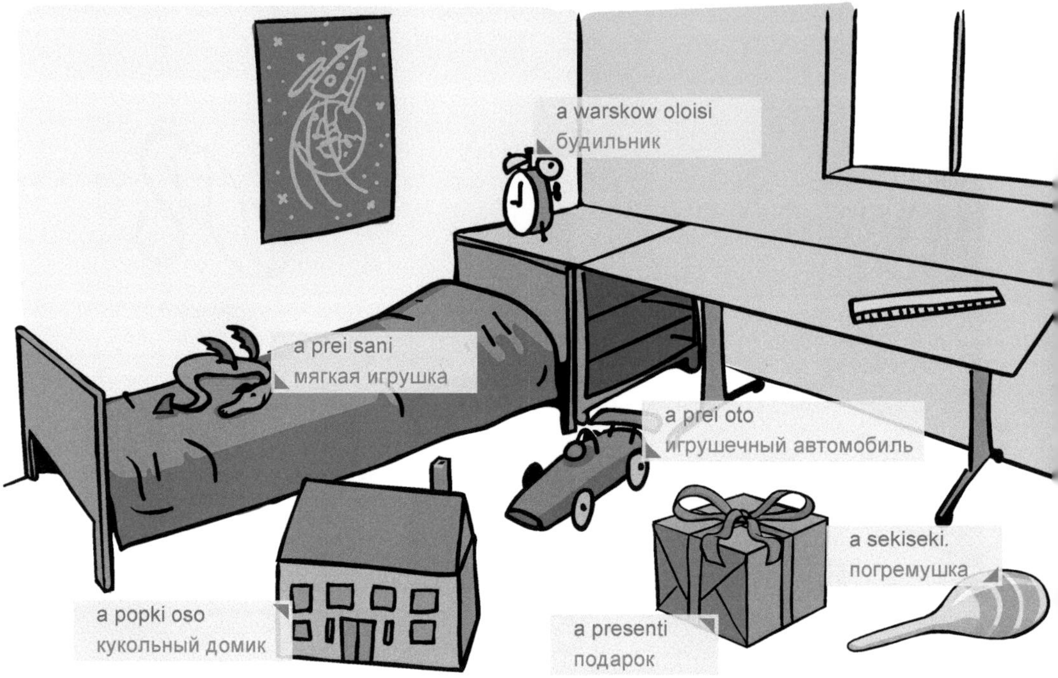

a warskow oloisi — будильник
a prei sani — мягкая игрушка
a prei oto — игрушечный автомобиль
a sekiseki — погремушка
a popki oso — кукольный домик
a presenti — подарок

a ballon
воздушный шар

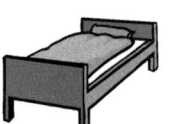

a bedi
кровать

a beibiwagi
детская коляска

a paki karta
карточная игра

a laytori
пазл

a strip torie
комикс

den lego ston

кирпичики Лего

den prei sani

кубики

a aktiefiguurtje

игрушечная фигурка

a beibikrosi

ползунки

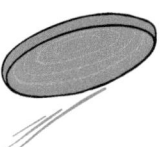

a frisbee

фрисби

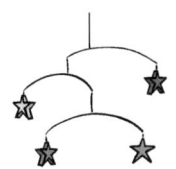

a mobile

мобиле

a prei tapu bord

настольная игра

a prei ston

кубик

a prei sani loko

модель железной дороги

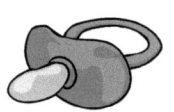

a bobimofo

соска

a fesa

вечеринка

a prenki buku

книга с картинками

a bal

мяч

a popki

кукла

prei

играть

a pikin kamra - детская комната

a santi baki
песочница

a boboisturu
качели

den preisani
игрушка

a prei komputer
игровая приставка

a baysigri
трёхколесный велосипед

a prei sani
плюшевый медвежонок

a krosikasi
шкаф для одежды

a krosi
одежда

den kowsu
носки

den kowsu
чулки

a kowsu
колготки

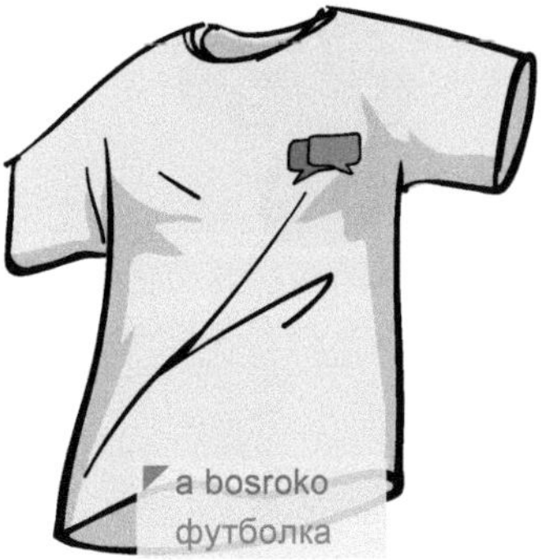

a sjaal
шарф

a banti
ремень

a prasoro
зонтик

a bosroko
футболка

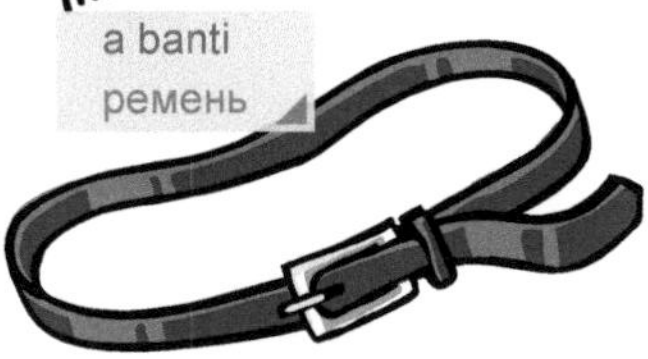

a buta
сапоги

den pata
кроссовки

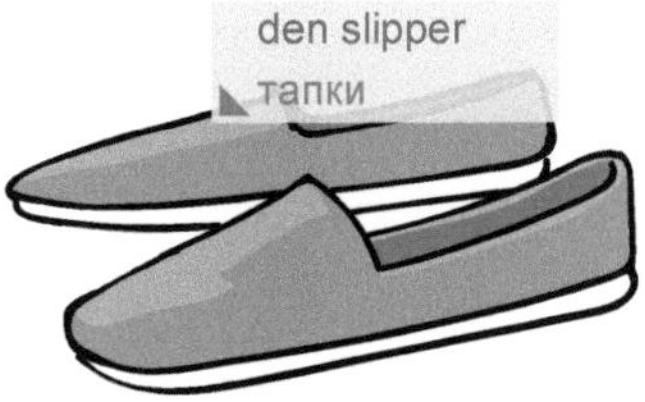

den slipper
тапки

den susu

сандалии

den susu

ботинки

a buta

резиновые сапоги

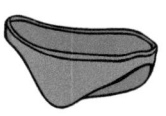

a jockey

трусы

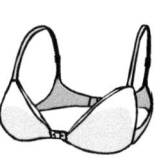

a bh

бюстгальтер

a kamsoro

майка

a krosi - одежда

a skin боди	a bruku брюки	a jeansbruku джинсы

a koto юбка	a blus блузка	a empi рубашка

a empi свитер	a dyaki свитер	a djakti спортивная куртка

a dyakti жакет	a alendyakti пальто	a alendyakti плащ

a paki костюм	a yapon платье	a trowyapon свадебное платье

a paki

мужской костюм

a sribikrosi

ночная сорочка

a sribikrosi

пижама

a sari

сари

a angisa

платок

a tulband

тюрбан

a burka

паранджа

a kaftan

кафтан

a abaya

абайя

a swenkrosi

купальник

a swenbruku

плавки

a syatu bruku

шорты

a training paki

спортивный костюм

a feskoki

фартук

a handschoen

перчатки

a krosi - одежда

a knopo

пуговица

a aygrasi

очки

a anubuy

браслет

a keti

цепочка

a linga

кольцо

a yesilinga

серьга

a ati

шапка

a krosi anga

вешалка

a ati

шляпа

a tay

галстук

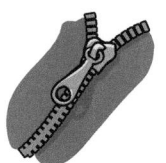

a rits

застежка молния

a feti musu

шлем

a bretel

подтяжки

a sem skoro krosi

школьная форма

a sem krosi

форма

a slabbetje
детский нагрудник

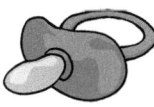
a bobimofo
соска

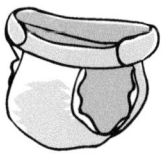
a pisiduku
подгузник

a kantoro
офис

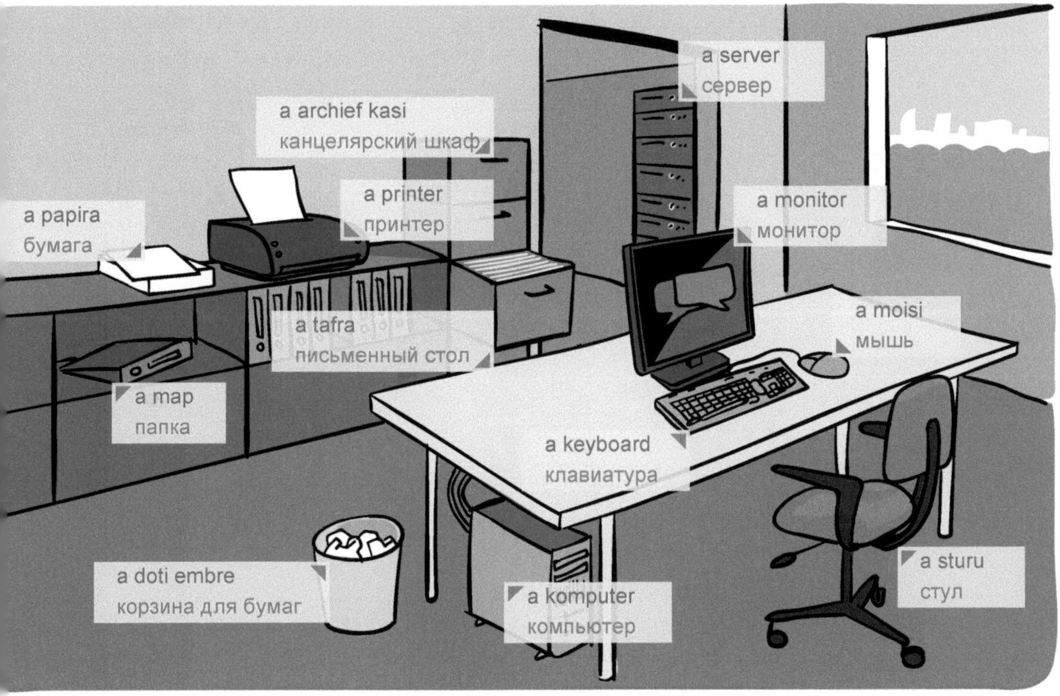

- a archief kasi — канцелярский шкаф
- a server — сервер
- a printer — принтер
- a monitor — монитор
- a papira — бумага
- a moisi — мышь
- a tafra — письменный стол
- a map — папка
- a keyboard — клавиатура
- a doti embre — корзина для бумаг
- a komputer — компьютер
- a sturu — стул

a kofi kan
кофейная кружка

a kalkulator
калькулятор

a internet
интернет

a laptop

ноутбук

a brifi

письмо

a boskopu

сообщение

a konkrutitei

мобильный телефон

a neti

сеть

a kopi masyin

ксерокс

a software

программа

a konkrutitei

телефон

a stopkontakt

розетка

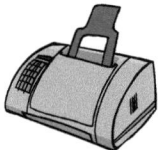

a fax masyin

факс

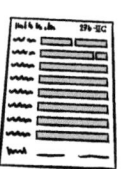

a formulier

формуляр

a papira

документ

a ekonomia
экономика

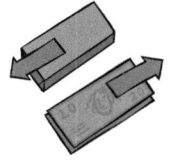
bai
покупать

pai
платить

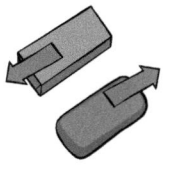
du
торговать

a moni
деньги

a dollar
доллар

a euro
евро

a yen
иена

a rubel
рубль

a frank
франк

a renminbi yuan
жэньминьби юань

a rupie
рупия

a monimasyin
банкомат

a kenki kantoro

пункт обмена валюты

a gowtu

золото

a solfru

серебро

a oli

нефть

a krakti

энергия

a prijs

цена

a kontrakti

договор

a lantimoni

налог

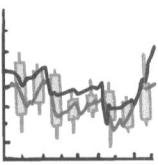

a pisi

акция

wroko

работать

a wrokoman

служащий

a wrokobasi

работодатель

a fabrik

фабрика

a wenkri

магазин

a ekonomia - экономика

den kari
профессии

a skowtu — милиционер

a brandweerman — пожарный

a boriman — повар

a datra — врач

a piloot — пилот

a djariman

садовник

a temreman

столяр

a modist

швея

a krutubasi

судья

a scheikunde sma

химик

a akteur

актёр

a bus sjafeur
водитель автобуса

a taximan
таксист

a fisiman
рыбак

a krinsma
уборщица

a dakitapu man
кровельщик

a diniman
официант

a ontiman
охотник

a ferfiman
художник

a bakriman
пекарь

a elektrikman
электрик

a bow-wroko man
строитель

a ensjinoru
инженер

a sraktiman
мясник

a loodgieter
сантехник

a postbode
почтальон

a srudati

солдат

a architekt

архитектор

a kasman

кассир

a bromkisma

флорист

a seti sma wiri man

парикмахер

a kondukteur

кондуктор

a monteur

механик

a kapten

капитан

a tifidatra

зубной врач

a sabiman

ученый

a Dyu domri

раввин

a Moslim domri

имам

a moniki

монах

a priester

священник

den kari - профессии

a wrokosani
инструменты

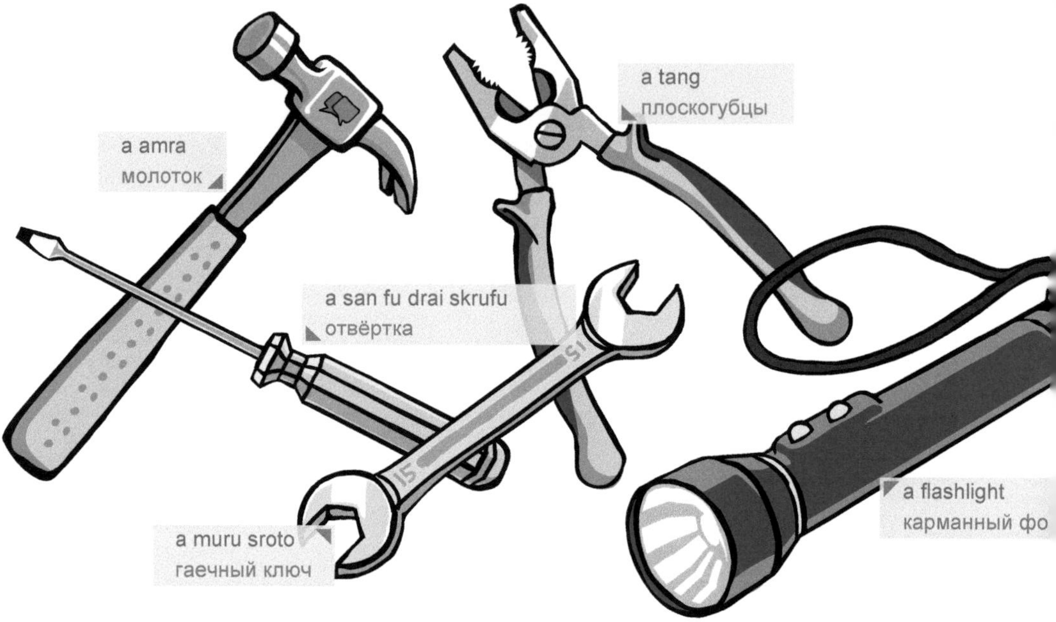

a amra
молоток

a tang
плоскогубцы

a san fu drai skrufu
отвёртка

a muru sroto
гаечный ключ

a flashlight
карманный фо

a dikimasyin

экскаватор

a wrokosani kisi

ящик для инструментов

a trapu

стремянка

a sa

пила

den spikri

гвозди

a boro

дрель

meki
ремонтировать

a skepi
лопата

Baya!
Блин!

a stofblik
совок

a ferfi patu
ведро с краской

den skrufu
винты

den poku sani
музыкальные инструменты

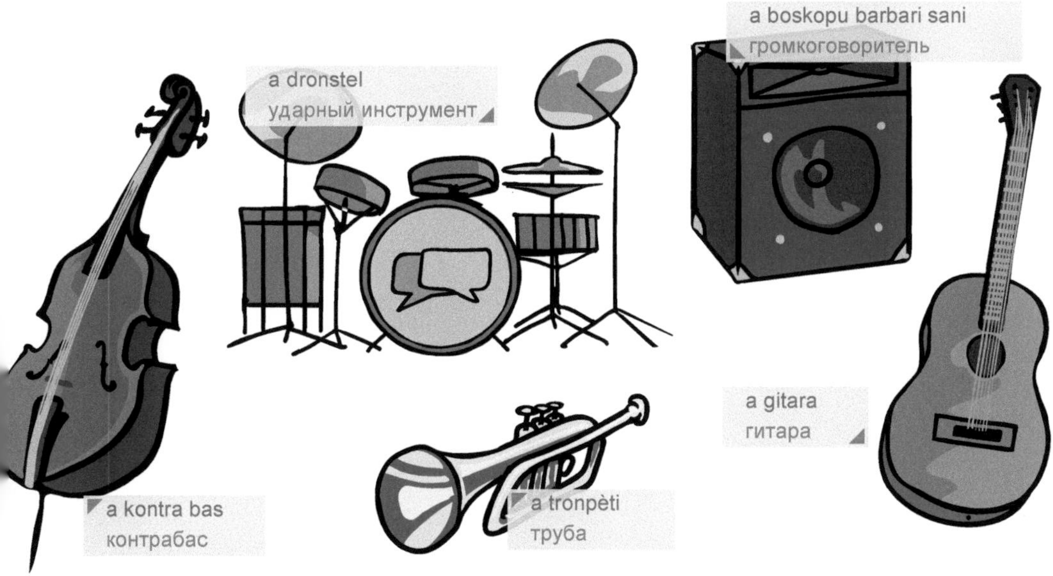

a boskopu barbari sani
громкоговоритель

a dronstel
ударный инструмент

a gitara
гитара

a kontra bas
контрабас

a tronpèti
труба

a piano

пианино

a finyoro

скрипка

a bas

бас-гитара

a pauk

литавры

a dron

барабан

a keyboard

синтезатор

a saxofon

саксофон

a froiti

флейта

a mikrofon

микрофон

den poku sani - музыкальные инструменты

a meti dyari
зоопарк

- a mofodoro — вход
- a tigri — тигр
- a pen — клетка
- a sabanaburiki — зебра
- a meti nyan — корм
- a panda — панда

den meti

животные

a asaw

слон

a kangeru

кенгуру

a neushoorn

носорог

a gorilla

горилла

a beer

медведь

a kameri
верблюд

a stroisifowru
страус

a lew
лев

a monki
обезьяна

a korikori
фламинго

a popokai
попугай

a ijsbeer
белый медведь

a pinguïn
пингвин

a sarki
акула

a prodokaka
павлин

a sneki
змея

a kaiman
крокодил

a sma san e sorgu meti
служитель зоопарка

a sedagu
тюлень

a penitigri
ягуар

a meti dyari - зоопарк

a pikin asi

пони

a penitigri

леопард

a watrabofru

бегемот

a giraf

жираф

a aka

орёл

a werder agu

кабан

a fisi

рыба

a sekrepatu

черепаха

a walrus

морж

a sabanadagu

лиса

a dia

газель

a meti dyari - зоопарк

a sport
спорт

den aktifiteit
действия

abi

иметь

dati

делать

de

быть

tnapu

стоять

lon

бежать

hari

тянуть

trowe

бросать

fadon

падать

lei

лежать

wakti

ждать

tyari

носить

sidon

сидеть

weri

надевать

sribi

спать

wiki

просыпаться

den aktifiteit - действия

luku
рассматривать

krei
плакать

korikori
гладить

kan
причесывать

taki
говорить

ferstan
понимать

aksi
спрашивать

arki
слушать

dringi
пить

nyanyan
кушать

krin
наводить порядок

lobi
любить

bori
готовить

rei
ехать

frei
летать

den aktifiteit - действия

seiri
ходить под парусом

teri
считать

lesi
читать

leri
учиться

wroko
работать

trow
вступать в брак

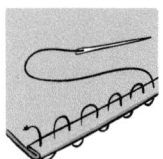
nai
шить

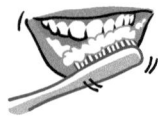
krintifi
чистить зубы

kiri
убивать

smoko
курить

seni
отправлять

den aktifiteit - действия

a famiri
семья

a granmama — бабушка
a granpapa — дедушка
a papa — папа
a mama — мама
a beibi — младенец
a umapikin — дочь
a manpikin — сын

a fisiti

гость

a tanta

тетя

a omu

дядя

a brada

брат

a sisa

сестра

a famiri - семья

a skin
тело

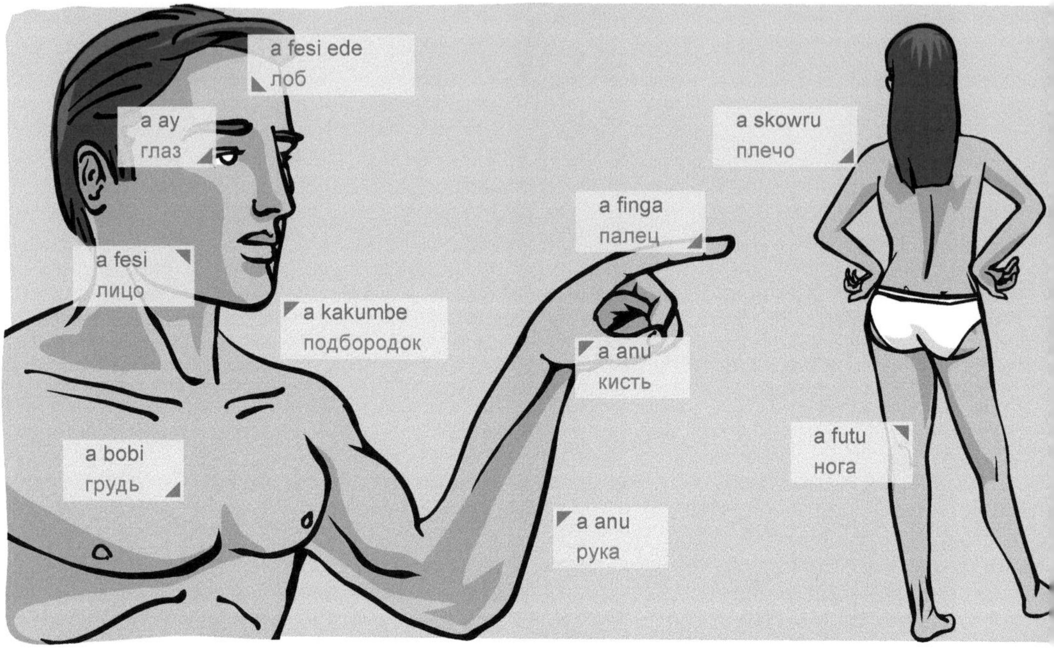

- a fesi ede — лоб
- a ay — глаз
- a skowru — плечо
- a finga — палец
- a fesi — лицо
- a kakumbe — подбородок
- a anu — кисть
- a bobi — грудь
- a futu — нога
- a anu — рука

a beibi
младенец

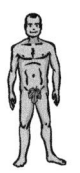

a man
мужчина

a uma
женщина

a uma pikin
девочка

a boi
мальчик

a ede
голова

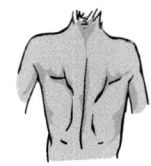

a baka
спина

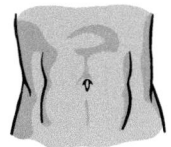

a bere
живот

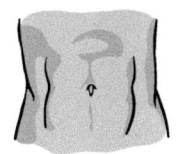

a kumba
пупок

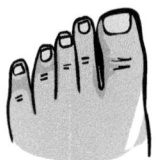

a futufinga
палец ноги

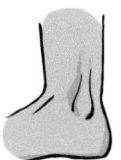

a bakafutu
пятка

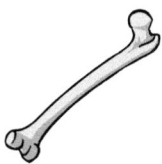

a bonyo
кость

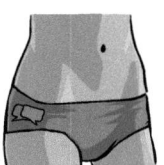

a djonku
бедро

a kindi
колено

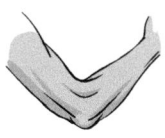

a baka anu
локоть

a noso
нос

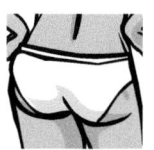

a bakasei
ягодицы

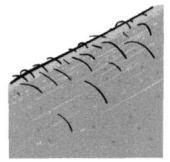

a skin
кожа

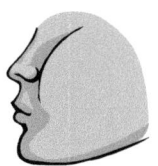

a seifesi
щека

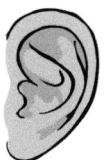

a yesi
ухо

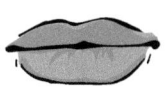

den mofobuba
губа

a skin - тело

a mofo
рот

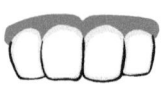
a tifi
зуб

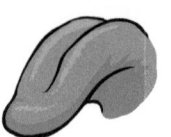
a tongo
язык

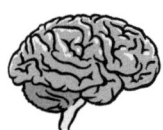
a ede tonton
мозг

a ati
сердце

a titei
мышца

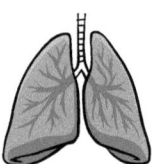
a fokofoko
лёгкое

a lefre
печень

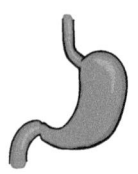
a bere
желудок

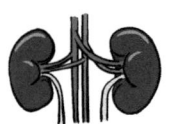
den niri
почки

a freiri
половой акт

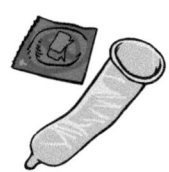
a pipikowsu
презерватив

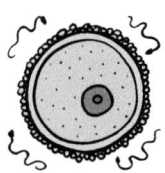
a eksi
яйцеклетка

a siri
сперма

a bere
беременность

a skin - тело

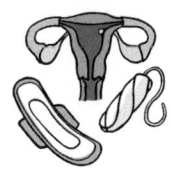
a munsiki
менструация

a umapresi
вагина

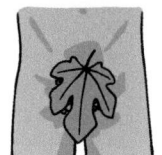
a toli
пенис

a tapu-ay-wiwiri
бровь

a wiwiri
волосы

a neki
шея

a skin - тело

a ati oso
больница

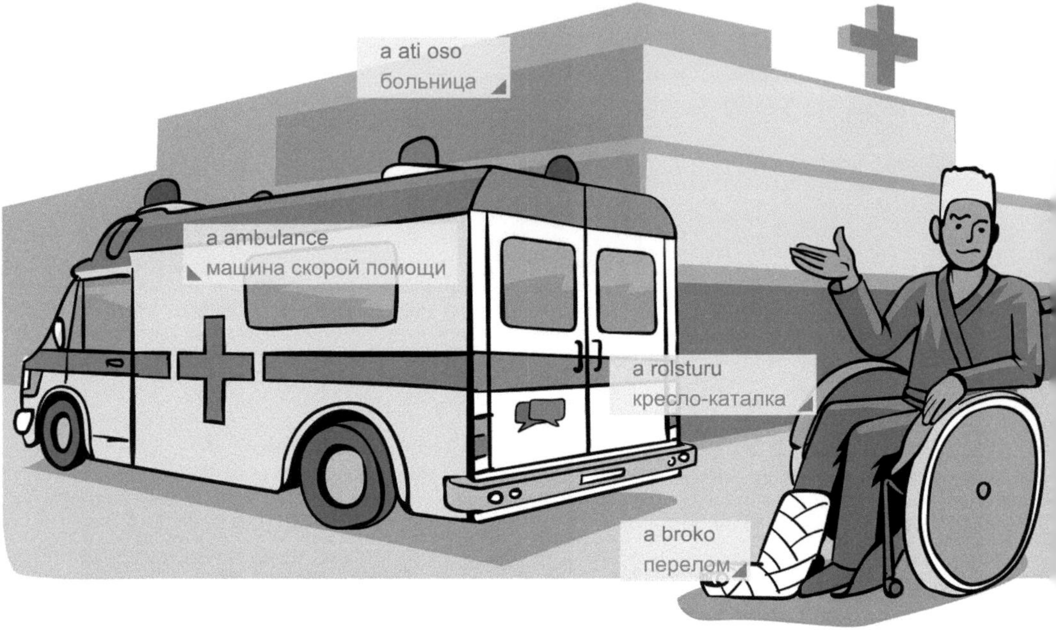

a ati oso
больница

a ambulance
машина скорой помощи

a rolsturu
кресло-каталка

a broko
перелом

a datra

врач

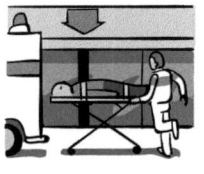

a EHBO

пункт первой помощи

a suster

медсестра

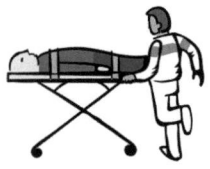

a nowtu

неотложный случай

flaw

без сознания

a pen

боль

a soro
повреждение

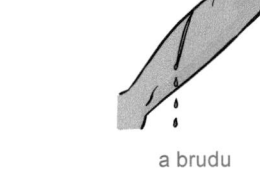
a brudu
кровотечение

a ati siki
инфаркт

a bururtu
инсульт

a trefu
аллергия

koso
кашель

a kortsu
повышенная температура

a griep
грипп

a lusu bere
понос

a ede-ati
головная боль

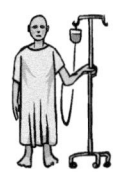
a takrusiki
рак

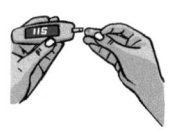
a sukru
диабет

a chirurg
хирург

a skalpel
скальпель

a operâsi
операция

a ati oso - больница

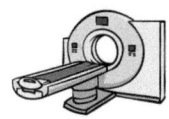 a CT — КТ	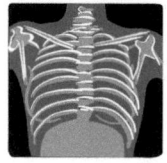 a röntgen — рентген	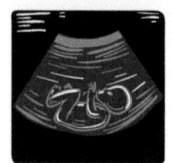 a echo — ультразвук
 a fesi maskradu — маска	 a siki — болезнь	 a wakti kamra — приёмная
 a kroku — костыль	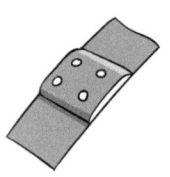 a duku — пластырь	 a duku — бинт
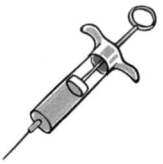 a spoiti — укол	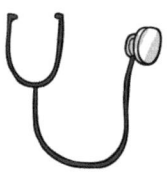 a stethoskoop — стетоскоп	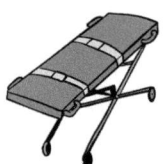 a brandkard — носилки
 a temperatuur marki — термометр	 a gebore — рождение	 a fatu — избыточный вес

a ati oso — больница

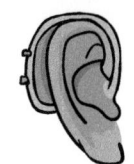
a masyin fu yere
слуховой аппарат

a sani fu krin
дезинфекционное средство

a dyomposiki
инфекция

a firus
вирус

a HIV / AIDS
ВИЧ / СПИД

a dresi
лекарство

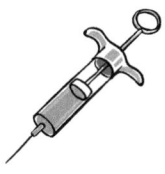
a faksinasi
прививка

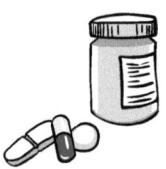
den perki
таблетки

a perki
противозачаточная таблетка

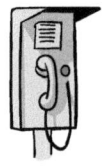
a nowtu nomru
экстренный вызов

a brudu marki
прибор для измерения кровяного давления

siki / gesontu
больной / здоровый

a nowtu
неотложный случай

Yepi!
Помогите!

a warskow
сигнал тревоги

a feti
нападение

a feti
атака

a ogri
опасность

a nowtu doro
запасной выход

Faya!
Пожар!

a fayakiri sani
огнетушитель

a mankeri
несчастный случай

a EHBO-kofru
аптечка

SOS
SOS

a skowtu
милиция

a grontapu
земля

Bakrakondre

Европа

Opo-Amerkan

Северная Америка

Suid-Amerkan

Южная Америка

Afrika

Африка

Asi

Азия

Australia

Австралия

a Atlantis Se

Атлантический океан

a Tan tiri Se

Тихий океан

a Indisch Se

Индийский океан

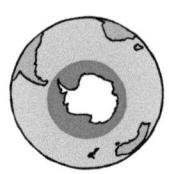

a Suidsei Se

Антарктический океан

a Noordsei Se

Северный Ледовитый океан

a Noordsei

Северный полюс

a grontapu - земля

a Suidsei

Южный полюс

Antartika

Антарктика

a grontapu

земля

a kondre

суша

a se

море

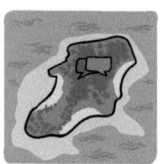

a eilanti

остров

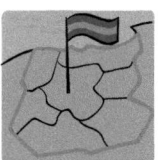

a nâsi

нация

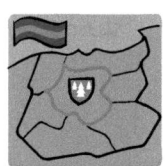

a lanti

государство

oloisi
часы

a oloisi fesi

циферблат

a yuru sori

часовая стрелка

a miniti sori

минутная стрелка

a sekonde sori

секундная стрелка

O lati a de?

Который час?

a dey

день

a ten

время

now

сейчас

a oloisi

электронные часы

a miniti

минута

a yuru

час

a wiki
неделя

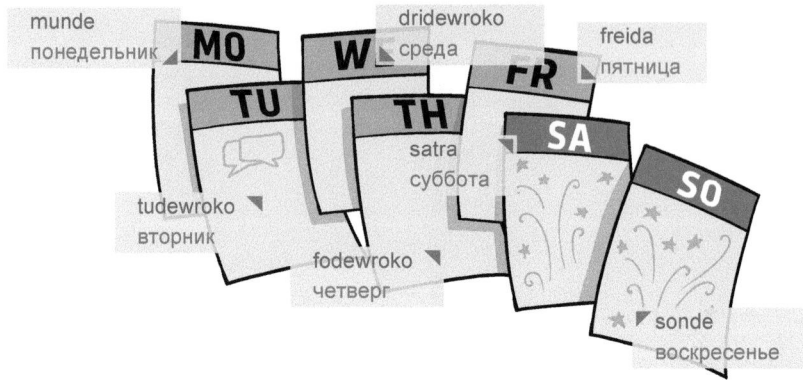

munde — понедельник
tudewroko — вторник
dridewroko — среда
fodewroko — четверг
freida — пятница
satra — суббота
sonde — воскресенье

esde
вчера

tide
сегодня

tamara
завтра

a mamanten
утро

a bakadina
полдень

a neti
вечер

den wrokodei
рабочие дни

a weekend
выходные

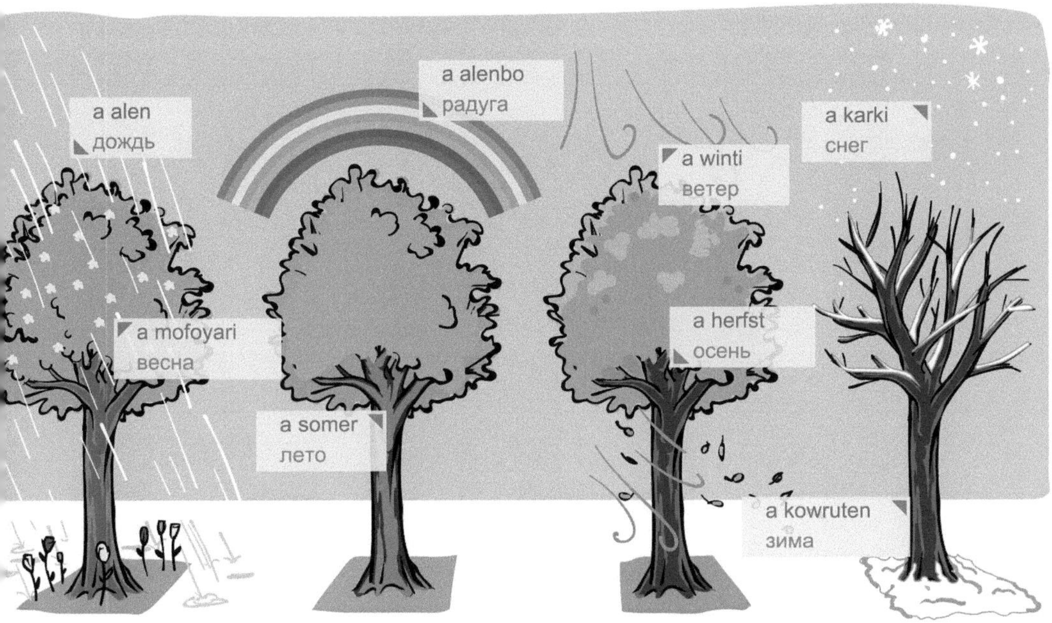

a yari
год

- a alen — дождь
- a alenbo — радуга
- a winti — ветер
- a karki — снег
- a mofoyari — весна
- a somer — лето
- a herfst — осень
- a kowruten — зима

a taki fu a weer

прогноз погоды

a thermometer

термометр

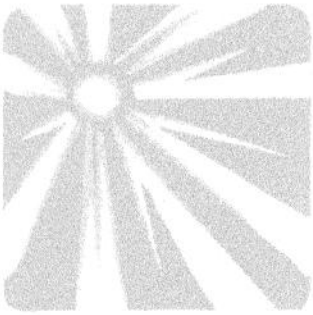

a skèin fu a son

солнечный свет

a wolku

туча

a dow

туман

a loktu foktu

влажность воздуха

a faya

молния

a dondru

гром

a sekiwatra

буря

a agra

град

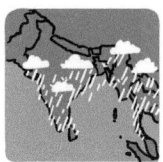

a bigi skwala

муссон

a frudu

наводнение

a èisi

лёд

januari

январь

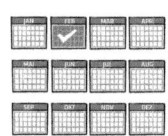

februari

февраль

maart

март

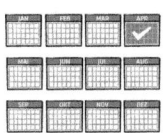

april

апрель

mei

май

juni

июнь

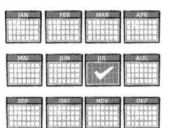

juli

июль

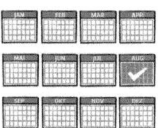

augustus

август

a yari - год

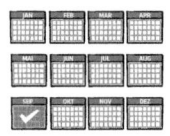

september
....
сентябрь

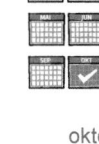

oktober
....
октябрь

nofember
....
ноябрь

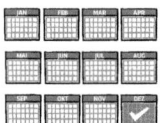

december
....
декабрь

den form
формы

a lontu
....
круг

a fokanti
....
квадрат

a fokanti naga langa sei
....
прямоугольник

a dri-uku
....
треугольник

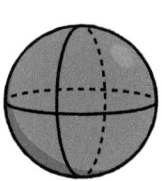

a lontu
....
шар

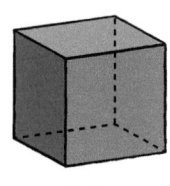

a kubus
....
куб

kloru
цвета

witi
белый

geri
желтый

alanya
оранжевый

ròs
розовый

redi
красный

lila
лиловый

blaw
синий

grun
зелёный

broin
коричневый

grei
серый

blaka
черный

difrenti
противоположности

tumsi / wanwan

много / мало

atibron / tiri

яростный / мирный

moi / takru

красивый / уродливый

begin / kba

начало / конец

bigi / ptyin

большой / маленький

lekti / dungru

светлый / тёмный

brada / sisa

брат / сестра

krin / doti

чистый / грязный

krinkrin / no bun nofo

полный / неполный

dei / neti

день / ночь

dede / libi

мёртвый / живой

bradi / smara

широкий / узкий

kan nyan / no kan nyan

съедобный / несъедобный

takru / bun

злой / дружелюбный

prisiri / ferferi

взволнованный / скучающий

fatu / fini

толстый / худой

fosi / lasti

сначала / в конце

mati / feyanti

друг / враг

furu / leigi

полный / пустой

tranga / safu

твёрдый / мягкий

hebi / lekti

тяжёлый / легкий

angri / dreineki

голод / жажда

siki / gesontu

больной / здоровый

no gi pasi / tru

незаконный / законный

koni / don

умный / глупый

kruktu / leti

слева / справа

gi / fara

близко / далеко

difrenti - противоположности

nyun / owru

новый / подержанный

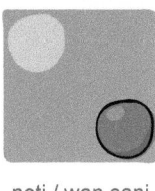

noti / wan sani

ничто / нечто

owru / jongu

старый / молодой

leti / tapu

включено / выключено

opo / tapu

открыто / закрыто

safu / tranga

тихо / громко

gudu / poti

богатый / бедный

bun / fowtu

правильный / неправильный

grofu / grati

шероховатый / гладкий

sari / breiti

печальный / счастливый

shatu / langa

короткий / длинный

loli / esi esi

медленный / быстрый

nati / drei

мокрый / сухой

warang / kowru

тёплый / прохладный

feti / freide

война / мир

difrenti - противоположности

den nomru
цифры

0 noti — ноль

1 wan — один

2 tu — два

3 dri — три

4 fo — четыре

5 feifi — пять

6 siksi — шесть

7 seibi — семь

8 aiti — восемь

9 neigi — девять

10 tin — десять

11 erfu — одиннадцать

12
twarfu
двенадцать

13
tin-na-dri
тринадцать

14
tin-na-fo
четырнадцать

15
tin-na-feifi
пятнадцать

16
tin-na-siksi
шестнадцать

17
tin-na-seibi
семнадцать

18
tin-na-aiti
восемнадцать

19
tin-na-neigi
девятнадцать

20
twenti
двадцать

100
hondru
сто

1.000
dusun
тысяча

1.000.000
milyun
миллион

den nomru - цифры

den tongo

языки

Ingristongo

английский

Amerkan Ingristongo

американский английский

Sneisi Mandarijntongo

мандаринский китайский

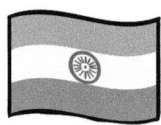

Hinditongo

хинди

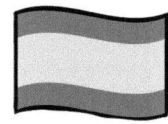

Spanyoro

испанский

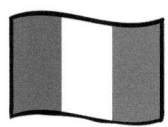

Frans

французский

Arabiatongo

арабский

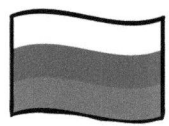

Rusitongo

русский

Potogisi

португальский

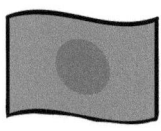

Bengalitongo

бенгальский

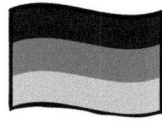

Doisritongo

немецкий

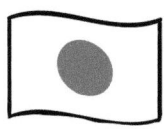

Japantongo

японский

suma / sang / fa
кто / что / как

mi
я

yu
ты

en / en / en
он / она / оно

unu
мы

yu
вы

den
они

suma?
кто?

san?
что?

fa?
как?

pe?
где?

oten?
когда?

a nen
имя

pe
где

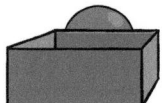

baka

за

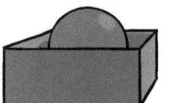

ini

в

fesi

перед

abra

над

tapu

на

ondro

под

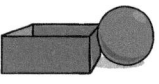

na sei

рядом

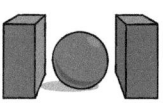

mindri

между

presi

место